AF356670

Paul LE CACHEUX

Léopold DELISLE

ET

LE PAYS DE VALOGNES

1910

CHERBOURG

Imprimerie de « La Dépêche de Cherbourg »

LÉOPOLD DELISLE

ET

LE PAYS DE VALOGNES

Edelinck

LÉOPOLD DELISLE

ET

Le Pays de Valognes

*(Notice lue à l'Assemblée générale annuelle de l'Association amicale
des anciens Elèves du Collège de Valognes et de l'Ecole
Saint Paul de Cherbourg, le 23 Août 1910)*

MESSIEURS ET CHERS CAMARADES,

Votre Comité a pensé que nous devons aujourd'hui un hommage spécial à la mémoire de M. Léopold Delisle. Il nous appartenait depuis 1889, l'année qui suivit notre fondation. Tour à tour vice-président, président et président d'honneur de notre Association, il avait accepté tous ces titres avec sa bonne grâce habituelle, se déclarant heureux de resserrer les liens qui le rattachaient à Valognes, sa ville natale, au Collège où il avait fait ses études, à cette élite d'hommes distingués qui perpétue les traditions et forme la parure de notre vieil établissement. Ceux d'entre vous qui ont assisté à notre Assemblée générale de 1894 n'ont pas oublié qu'il était, ce jour-là, au milieu de nous. Il sut alors combien nous étions fiers de sa science incomparable et de sa renommée universelle ; il put comprendre, à l'accueil enthousiaste que nous lui fîmes, en quelle estime le tenaient ses compatriotes ; et il nous garda au fond de son cœur une affection qui ne s'est pas démentie pendant les jours d'épreuve. N'est-il pas juste que nous lui assignions une place à part dans le Nécrologe de notre Association, et n'est-il pas permis de dire que nous nous honorons nous-mêmes en honorant ce mort illustre ?

Vous n'attendez pas de moi en ce moment, Messieurs, la notice biographique complète de M. Delisle. Les journaux ont rappelé, dès le lendemain de sa mort, les phases successives de sa carrière et la situation exceptionnelle qu'il occupait dans le monde savant. Des voix autorisées ont loué en lui le paléographe éminent, si expert à déchiffrer les anciennes écritures et à reconnaître les anciens textes qu'on recourait à sa compétence dans tous les cas difficiles et que ses jugements avaient force de loi ; — le diplomatiste habile, émule des Du Cange et des Mabillon, qui des principes posés au XVII⁰ siècle a su déduire tout un ensemble de règles pratiques et les exposer dans de nombreux mémoires, généralement très courts, mais pleins de clarté, de précision et de substance ; — le maître qui, sans avoir jamais professé *ex cathedra*, a formé tant de bons élèves, exercé sur la direction des études à l'Ecole des Chartes une si heureuse influence, servi de guide et de modèle à tant de bibliothécaires et d'archivistes. On s'est accordé à voir en M. Delisle l'érudit le plus versé dans la science bibliographique et l'histoire littéraire du Moyen-Age ; le plus merveilleux dénicheur d'éditions rares et de manuscrits précieux qui fût au monde, et le plus capable d'en montrer l'intérêt ; l'homme de France qui, depuis soixante ans, a rendu aux études historiques les plus grands services, l'un de ceux qui ont le plus puissamment contribué à établir le renom scientifique de notre pays aux yeux de l'étranger, et, dans cette branche des connaissances humaines, à lui maintenir en Europe le premier rang. Toutes les sociétés savantes du globe se sont associées au deuil de l'Institut, dont M. Delisle était le doyen, comme elles s'étaient associées, il y a près de dix ans, aux hommages qui lui furent décernés à l'occasion de son cinquantenaire. Son éloge solennel sera prononcé dans quelque temps sous la coupole du Palais Mazarin. Laissons ses collègues, ses amis, ses disciples lui payer un juste tribut de reconnaissance et d'admiration. Ce que notre Association désire aujourd'hui, c'est simplement prendre sa place dans le deuil universel, être à la peine en 1910 comme elle fut à la joie lors du cinquantenaire, et saluer une dernière fois, en M. Léopold Delisle, moins le savant incomparable dont il appartient à d'autres de rappeler les titres, que le Normand resté fidèle à sa province. et dans le Normand, le Valognais.

Car il était de Valognes, Messieurs, et non de Saint-Sauveur-le-Vicomte, où un académicien très éloquent voulait, l'an dernier, placer son berceau. Le vieux bourg « joli comme un village d'Ecosse » dont il a raconté l'histoire, ne songe pas, d'ailleurs, à le revendiquer comme l'un de ses enfants. Et vous ne sauriez vous y tromper, vous qui connaissez la place occupée jadis à Valognes par la famille de M. Delisle, les services éminents que son père y rendit comme médecin, et cette tradition d'honneur, de dévouement au bien public, de charité discrète autant que clairvoyante, de piété douce et éclairée dont fut longtemps la gardienne celle que les pauvres appelaient « la bonne Mademoiselle Stéphanie ». Cette figure touchante du Valognes d'autrefois perpétuait au foyer de la rue des Religieuses toutes les vertus de la famille, et ce n'est pas seulement dans le cœur des siens, c'est dans le cœur de tous ceux qui l'approchaient que sa disparition a donné raison à la parole désolée de Mme Swetchine : « La mort quelquefois laisse plus de vide que la vie ne tenait de place. » Mais il ne faut pas remonter bien haut dans le passé pour découvrir les origines Valognaises de notre illustre confrère. Annoville et Clitourps se sont partagé longtemps les membres de sa famille. C'est dans le premier de ces villages que son père naquit le 6 octobre 1786, et c'est dans le second que vécurent jusqu'à un âge très avancé deux prêtres de sainte mémoire, l'abbé Jean-François Delisle et l'abbé Jacques Delisle, esprits cultivés et distingués, qui ont pu léguer à leur neveu l'exemple

d'une vie adonnée à la pratique des bonnes œuvres et à
l'étude des lettres latines, de même que son père lui transmit
son élévation de caractère, son ardente curiosité à s'ins-
truire et ce goût pour les faits précis et les observations
méthodiques auquel se reconnait la vocation du médecin
comme celle du chartiste.

Il y a d'ailleurs entre les débuts du docteur Delisle comme
médecin et ceux de son fils comme paléographe des rappro-
chements qui ne laissent pas d'être frappants. Le premier était
venu terminer ses études classiques au Collège de Valognes,
où l'attirait le voisinage de son oncle, le curé de Clitourps.
C'est là qu'il connut un docteur en médecine, qui jouissait
d'une grande réputation de savoir et d'expérience, M. Duméril, maire de Valognes, et deux anciens maîtres en
chirurgie qui n'étaient pas moins renommés dans la pratique
de leur art, MM. Noël-Dumarais et Prémer. Ces trois
hommes distingués devinèrent les aptitudes du jeune
Delisle ; ils se l'attachèrent avec une sollicitude toute particulière, l'encouragèrent dans ses premiers essais et l'ini-
tièrent à la connaissance des éléments de la science qu'il
devait pratiquer plus tard avec tant de succès. Quand
Victor-Amédée Delisle partit pour Paris, vers la fin de 1807,
dans le but de compléter ses études et de conquérir son
diplôme, la diligence emportait un jeune homme déjà tout
préparé à suivre les leçons des professeurs illustres qui
occupaient alors les chaires de la Faculté. Il ne tarda pas
à être distingué par eux. Elève favori de Dupuytren, de
Récamier et de Maygrier, il acquit auprès de ces maîtres
les qualités exceptionnelles qui firent de lui un chirurgien
de premier ordre, et qui lui valurent, à son retour à Valognes, la confiance absolue des mères de famille.

C'est d'une façon toute semblable que Léopold Delisle
débuta dans la carrière scientifique qu'il devait parcourir
avec tant d'éclat. De son séjour au Collège de Valognes,
nous savons ce qu'il nous en a dit lui-même, dans le dis-
cours plein de tact et de modestie qu'il prononça devant
notre assemblée en 1894. Il rendit hommage, ce jour-là, à
la science et au dévouement de ses anciens maîtres, M.

Bailhache, M. Canivet, et le plus original de tous, M. l'abbé Tollemer. Je m'imagine que les leçons de ce dernier étaient des plus attrayantes, car il suffit de parcourir sa curieuse édition du *Journal d'un Sire de Gouberville* et son savant ouvrage sur *Les Origines de la Charité catholique*, pour reconnaître en lui un esprit de grande valeur, familier avec l'antiquité classique et nourri de la moelle des Pères de l'Eglise, un lettré du temps passé, et mieux qu'un lettré. un écrivain d'un tempérament très personnel, un érudit charmant et sans pédantisme. Il serait intéressant de savoir dans quelle mesure son influence s'est exercée sur le jeune collégien confié à ses soins et s'il devina en lui le futur lauréat de tant de concours académiques. Ce qu'il y a de certain, c'est que Léopold Delisle était encore sur les bancs du Collège lorsqu'il fit la rencontre de M. de Gerville. Dans l'histoire de sa vie, le jour de cette rencontre est celui dont parle le poète latin : *albo dies notanda lapillo,* le jour qu'il faut marquer d'un caillou blanc. C'est à partir de ce moment, en effet, que se dessinèrent ses aptitudes et que s'orienta sa vocation.

Cela se passait, Messieurs, aux environs de 1840, sous la Monarchie de Juillet. Le Valognes de ce temps-là — est-il besoin de le dire? — n'est pas celui que la plupart d'entre nous ont connu : au risque d'être rangé parmi les détracteurs du présent, j'oserai prétendre que c'était déjà le Valognes de la décadence. On a raconté dans bien des livres les derniers jours de Pompéi ; ne se trouvera-t-il pas un historien pour raconter les derniers jours d'une cité aristocratique, l'agonie lente du Versailles de la Normandie? En des pages d'un relief saisissant et d'une rare puissance évocatrice, qui rendent ses romans si séduisants, l'auteur des *Diaboliques* et du *Chevalier Destouches*, fait revivre sous nos yeux la vieille petite ville et la société polie, élégante et fermée qui en était encore l'ornement. Quel charme mélancolique se dégage pour nous de ce passé qui date d'hier et qui est cependant si lointain! Le tableau que Barbey d'Aurevilly en a tracé reste gravé dans notre esprit, et le romancier nous apparaît comme un admirable peintre d'histoire. Bon gré mal gré, nous ne verrons plus le Valognes d'autrefois qu'à travers le prisme enchanteur de ses descriptions et peuplé des revenants que son imagination y fait surgir. Qui a dépeint comme lui le calme monotone des longues soirées d'hiver dans « la ville de ses spectres », les rues solitaires, les anciens hôtels mystérieux dont les porches s'entrouvent pour laisser passer des ombres furtives, le silence uniquement troublé par le bruit des heures qui tombent une à une du clocher de la vieille église ou par les sabots de l'abbé de Percy qui retentissent sur le pavé désert, les salons où achèvent de se faner toutes les grâces de l'ancien régime? Quel historien nous a introduits comme lui dans cette société finissante, parmi cette noblesse revenue de l'émigration et de la chouannerie, qui avait gardé intacts ses illusions, ses préjugés et ses mœurs, mais qui restait grande dans l'infortune et, frappée à mort, voulait du moins mourir debout, face à l'ennemi? Ce que Barbey d'Aurevilly toutefois n'a pas dit, c'est que parmi ces hommes d'un autre âge, il y en avait quelques-uns qui s'étaient pris d'un goût très vif pour les antiquités de notre pays et que l'étude de l'histoire locale attirait passionnément. Ce qu'il a oublié de peindre, c'est, à côté du Valognes aristocratique, le Valognes lettré où persistait le souvenir de Vicq-d'Azir et de Dacier.

Il y eut de tout temps, Messieurs, dans cette petite ville, des traditions d'élégance mondaine et de culture littéraire qui ne se faisaient point tort les unes aux autres et que nous ne verrions pas disparaître sans regret. Peu de cités provinciales peuvent s'enorgueillir d'avoir produit, pendant le cours de trois siècles, un aussi grand nombre d'esprits distingués: des juriconsultes comme Froland, des chimistes comme Pelouze, des érudits comme Mangon du Houguet, des littérateurs comme Letourneur, des médecins comme Mauquet de la Motte, des bienfaiteurs de la jeunesse studieuse comme l'abbé de la Luthumière et Julien de Laillier (¹). Sous la Restauration et la Monarchie de Juillet,

---

(1) Valognes doit au premier son Collège et au second sa bibliothèque.

Valognes possédait également une élite intellectuelle en relations suivies avec les savants Parisiens, Normands et Anglais, qui se montrait pleine d'ardeur pour la découverte des antiquités locales et qui menait de front les travaux d'histoire naturelle et ceux d'archéologie. Personne n'aura plus contribué que M. Théodose Du Moncel ou M. de Gerville à répandre dans le public le respect, sinon le goût des choses du passé, à sauver d'une destruction certaine ce qui restait alors des anciens monuments et des anciennes chartes, à susciter les dons généreux, à provoquer au besoin les mesures officielles qui ont enrichi nos bibliothèques, nos archives et nos musées de tant de pièces rares et de collections utiles. Ces savants ne se contentaient pas des jouissances égoïstes que procure l'étude; ils avaient la noble ambition de former des élèves, de transmettre à d'autres le flambeau de leur science. Ils distinguaient sur les bancs du Collège les jeunes gens qui leur paraissaient aptes à poursuivre les mêmes travaux, et en leur ouvrant l'accès de leur cabinet, ils les mettaient en mesure de développer des talents qui seraient demeurés, sans eux, inconnus ou négligés. Cette sollicitude éclairée recevait sa récompense en révélant au public des hommes de haute valeur comme Edélestand Duméril ou Léopold Delisle.

Il faut, Messieurs, avoir entendu Léopold Delisle prononcer le nom de M. de Gerville pour se rendre compte du prestige que cet antiquaire estimable exerça sur ses contemporains. Il y mettait une nuance de respect et d'émotion parfaitement saisissable; il le citait volontiers, et toujours avec un sentiment visible de reconnaissance; il lui a fait, par la seule continuité de ce sentiment touchant, une réputation universelle ; car il est impossible aujourd'hui de séparer le nom du maître de celui de l'élève ; et quand les travaux de M. de Gerville auront vieilli, il lui restera toujours le mérite d'avoir pressenti l'avenir de Léopold Delisle, de lui avoir inspiré l'amour des vieilles chartes et appris à les déchiffrer, d'avoir été, en un mot, l'initiateur et le guide de cette jeune intelligence, si avide de comprendre et si

disposée à goûter toutes les choses du Moyen-Age. De
même que son père, en quittant Valognes, était apte à
recevoir l'enseignement de Dupuytren, de même Léopold
Delisle, au sortir des mains de M. de Gerville, pouvait
s'asseoir au premier rang sur les bancs de l'Ecole des
Chartes et y fixer aussitôt l'attention de Benjamin Guérard
et de Natalis de Wailly.

M. Delisle m'a raconté lui-même plus d'une fois, au
cours d'entretiens familiers dont je garde pieusement le
souvenir dans mon cœur, les circonstances qui décidèrent
du choix de sa profession. L'anecdote est peu connue. Il
venait de conquérir, après trois années de séjour à l'Ecole
des Chartes, son diplôme d'archiviste-paléographe, et
quelques voyages d'études dans les dépôts d'archives de
la Normandie l'avaient familiarisé déjà avec les richesses
qu'ils renfermaient. Des articles publiés dans la Bibliothèque
de l'Ecole, une thèse fort remarquable sur les *Revenus
publics en Normandie au XIIe siècle*, avaient mis en relief
ses aptitudes exceptionnelles. Benjamin Guérard se l'était
attaché comme auxiliaire pour ses importants travaux
d'érudition. Il avait alors vingt-quatre ans. Le poste d'archiviste départemental de la Seine-Inférieure vint à vaquer.
Un savant normand qui occupait une situation éminente
dans la province et qui s'intéressait à l'avenir du jeune
Delisle, Auguste Le Prévost, lui offrit spontanément ses
services. « Ce poste, lui disait-il, vous convient sous tous les
rapports ; posez votre candidature, je puis vous assurer
que vous serez nommé. » — « Je fus très tenté, m'avouait
M. Delisle ; je savais l'importance du dépôt d'archives de
Rouen ; je me serais vu là au cœur de la Normandie, à
portée de documents innombrables qui m'auraient servi
pour mes travaux. Mais je ne pouvais rien faire sans con-
sulter Benjamin Guérard ; j'allai le trouver... » Aux premiers
mots du jeune homme, Guérard l'interrompit : « Je vous
défends, lui dit-il, d'accepter cette proposition. Votre place
est ici, à la Bibliothèque Nationale, et je me charge de vous
y faire entrer. Reposez-vous sur moi du soin de votre
avenir. » Léopold Delisle obéit ; il déclina les offres de Le

Prévost, et ne pouvant accepter le poste qu'on lui proposait, il désigna pour le remplacer un de ses compatriotes, Charles de Beaurepaire, qui a rempli en effet, avec une rare distinction, pendant plus d'un demi-siècle, les fonctions d'archiviste de la Seine-Inférieure. Quant à lui, il entra à la Bibliothèque Nationale, où il devait gravir, échelon par échelon, tous les degrés de la hiérarchie et fournir une carrière éclatante, dont les succès peuvent être considérés comme la récompense de son mérite et le juste prix de sa déférence au désir de son vieux maître. Qui sait pourtant si, au milieu des honneurs les plus hauts et des distinctions les plus flatteuses qu'un savant puisse rêver, il n'a pas regretté quelquefois cette vie modeste dans une ville de province? Quinze jours à peine avant sa mort, il me disait encore en souriant: « J'ai manqué ma vocation, j'aurais dû être archiviste... »

Benjamin Guérard cependant ne l'avait pas ravi tout entier à la Normandie. Jusqu'à la fin de sa vie il resta fidèle à son pays natal. Le dernier de ses ouvrages, comme le premier, est consacré à l'histoire de notre province. Quand la mort est venue lui faire tomber la plume des mains, il travaillait à l'édition des actes de Henri II, roi d'Angleterre et duc de Normandie; et cet admirable recueil de documents, qu'il avait copiés lui-même ou fait photographier, devait, dans sa pensée, jeter une lumière nouvelle sur les relations qui existaient au xɪɪᵉ siècle entre les îles et le continent et sur le rôle important que certains de nos compatriotes ont joué à la cour des Plantagenets. Nos anciennes chroniques, nos vies de saints, nos catalogues épiscopaux, les monuments de notre vieux droit normand, les manuscrits copiés dans nos abbayes et les premiers livres sortis des presses de nos imprimeurs lui ont fourni la matière d'œuvres de longue haleine ou de dissertations érudites qui, toutes, peuvent être citées comme des modèles; si bien qu'à l'heure présente, il n'est pas d'historien normand, quelque soit le sillon qu'il veuille creuser, qui ne trouve la ligne tracée d'avance et jalonnée par les travaux de M. Delisle, et que l'esprit demeure émerveillé d'une telle

étendue de connaissances et d'une si prodigieuse puissance
de labeur. A combien de nos compatriotes, d'ailleurs, ses
ouvrages n'ont-ils pas ouvert des horizons nouveaux et
révélé la méthode à suivre? Et que de conseils excellents
il a donnés, que de recherches il a faites pour autrui, que
de lettres obligeantes il a écrites, comme il a prodigué sans
compter les trésors de son savoir et les fruits de son expérience! Aucun travailleur de notre pays, si modeste qu'il
fût, n'a fait appel en vain à ses lumières : il trouvait le temps
de répondre et de rendre service à tout le monde. Non
content de soutenir de ses encouragements les sociétés savantes de la province, il a enrichi la plupart d'entre elles de ses
œuvres impérissables. Il a été, pendant près de soixante
ans, le collaborateur assidu de l'Annuaire de la Manche, et
il nous est permis de croire, Messieurs, qu'il pensait à nous
lorsqu'il envoyait à l'éditeur sa curieuse notice sur *Le
Théâtre à l'ancien Collège de Valognes*, ou qu'il étudiait
les mémoires du plus érudit de ses prédécesseurs, le
Valognais Mangon du Houguet. « Au cours de mes péré-
grinations, a-t-il déclaré lui-même, je n'ai jamais perdu de
vue les côtes de notre province. » Et sans doute, si on
l'avait interrogé sur celles de ses œuvres qui lui tenaient le
plus à cœur, lui aussi aurait-il répondu, comme son regretté
disciple, Siméon Luce : « Ce que j'ai écrit sur l'histoire
générale de la France a contribué à ma réputation ; ce
que j'ai écrit sur l'histoire particulière de la Normandie a
contribué à mon bonheur. »

En entrant par son mariage dans la famille Burnouf,
Léopold Delisle avait contracté avec le pays de Valognes
un nouveau lien. Madame Delisle était, vous le savez, la
petite-fille du célèbre humaniste Jean-Louis Burnouf, l'auteur d'une grammaire grecque renommée, l'excellent
traducteur de Tacite, et la fille du grand orientaliste Eugène
Burnouf. L'humble commune d'Urville, près Valognes, a
été le point de départ de cette lignée de professeurs et de
savants qui ont ajouté tant d'éclat à la gloire de l'Université
de France. Le premier d'entre eux, Jean-Louis Burnouf,
nous reporte à la veille de la Révolution, au temps où

l'ancien Collège d'Harcourt, réuni depuis la suppression
des Jésuites au Collège Louis-le-Grand, voyait passer sur
ses bancs l'élite des jeunes gens de notre pays, et où M.
Gardin-Dumesnil, de Saint-Cyr, l'auteur bien connu des
Synonymes latins et des *Préceptes de Rhétorique tirés de
Quintilien*, qui avait été principal de cet établissement,
s'occupait dans sa retraite champêtre à lui recruter de bons
sujets. Elevée dans un milieu austère où l'on vénérait la
science à l'égal d'une religion, ayant derrière elle une longue
tradition de culture classique, la fille d'Eugène Burnouf
était admirablement préparée à devenir la compagne de
Léopold Delisle. Elle prit une part active à toutes ses
recherches, elle le seconda dans tous ses travaux, elle ne
fut pas seulement la tendresse vigilante qui s'efforce d'ins-
taller la joie et le bonheur au foyer domestique, elle fut
en outre la collaboratrice de chaque jour, l'auxiliaire
modeste et dévouée qui se plait aux humbles tâches et à
laquelle rien n'est étranger des préoccupations de son mari.
Ceux qui ont pénétré dans l'intimité de ce ménage modèle
savent quelle atmosphère de paix, de douceur et de conten-
tement on y respirait. Madame Delisle avait si bien épousé
tous les goûts de son mari, elle était entrée si avant dans
sa profession qu'elle ne put survivre, vous le savez, à la
mesure regrettable qui arracha M. Delisle à la Bibliothèque
Nationale. Elle ne quitta la vieille demeure de la rue des
Petits-Champs que pour la sépulture de famille où elle dort
aujourd'hui son dernier sommeil. Et ce jour-là, quand je
vis l'illustre savant, abimé dans sa douleur, suivre, tout
voûté, le funèbre convoi, il me sembla que sa vie tout
entière s'écroulait, et qu'il s'en allait, lui aussi, d'un pas
rapide vers son éternité.

Messieurs, lorsque le docteur Delisle, après vingt ans de
souffrances héroïquement supportées, s'éteignit, entouré
de tous les siens, le 31 mars 1867, les consolations de la
religion adoucirent ses derniers instants, et sa confiance
en la miséricorde divine lui permit d'envisager la mort
sans effroi. Léopold Delisle ne s'est pas vu mourir lentement
comme son père ; il n'a pas eu la satisfaction suprême de

contempler des visages amis à son chevet; il a été terrassé
par un coup soudain, que sa vieillesse robuste ne laissait
pas prévoir. Mais ce grand savant était aussi un grand
chrétien. N'ayant rien trouvé au cours de ses études qui
pût ébranler sa foi, il y était demeuré constamment fidèle.
Les saintes espérances de sa famille étaient les siennes.
Dieu, qui ne manque jamais à ses promesses, s'en est
souvenu au moment suprême. D'une lettre que son vénéré
frère m'a fait l'honneur de m'écrire au lendemain de sa
mort, je détacherai cette simple phrase qui, j'en suis sûr,
vous ira droit au cœur: « Dans notre malheur, nous avons
une consolation, c'est de savoir qu'il a fini sa belle vie
entre les bras de M. l'Aumônier du château de Chantilly,
avec les sentiments de foi qui en ont fait la force. » Au
cours de son existence si bien remplie, Léopold Delisle n'a
cherché que la Vérité. Il l'a trouvée aujourd'hui et il peut
la contempler face à face, dans son rayonnement sans
nuages et sans limites. Puisse cette pensée consoler une
famille chrétienne qui ne l'a pas laissé partir sans un
profond déchirement, et apaiser la douleur de ses compatriotes, qui ont aimé en lui l'homme excellent, en même
temps qu'ils admiraient le savant incomparable, gloire du
pays de Valognes et de notre Association !

Paul LE CACHEUX

Saint-Cyr près Montebourg,
15 Août 1910.